Worney Almeida de Souza

Vida & Saúde Vegana

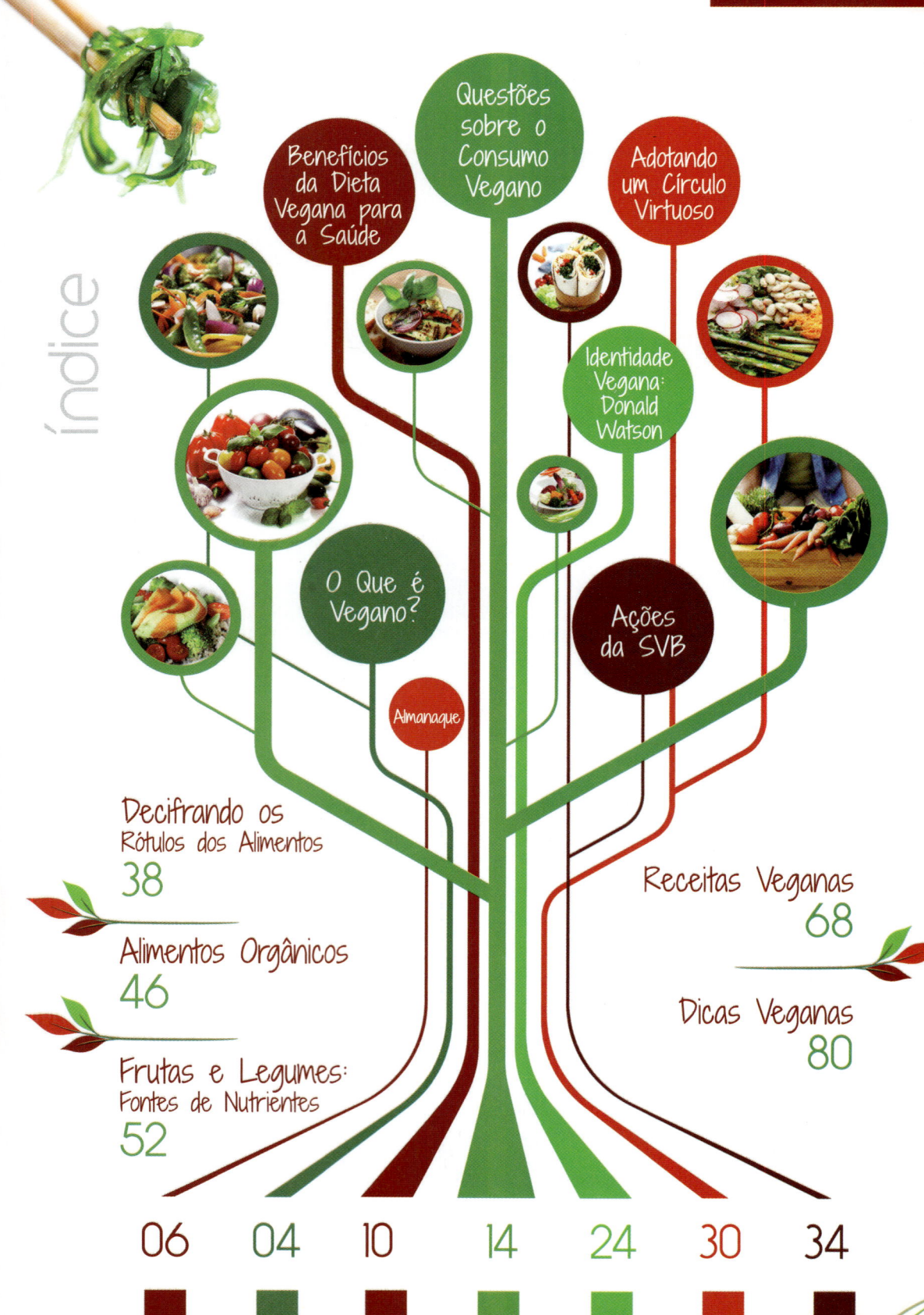

editorial

O "Viver" Vegano

A dieta vegana tem interessado cada vez mais aos consumidores urbanos. Quer por seus aspectos éticos (o abate de animais), ambientais (destruição do ecossistema) e de saúde (contaminação por produtos químicos), o veganismo tem demonstrado seus pontos positivos. Para intensificar esse debate, a revista **Vida & Saúde Vegana** abre suas páginas para desvendar a origem, as motivações, as organizações e os indivíduos que motivam o movimento. Discutimos os benefícios para a saúde, desvendando as principais questões sobre o consumo vegano. Destacamos principalmente a figura de Donald Watson, o iniciador do movimento, e a ação de entidades como a Sociedade Vegetariana Brasileira (SVB).

Vida & Saúde Vegana também vem apresentar os alimentos orgânicos, seus prós e contras e sua forma de produção. Também deciframos os rótulos dos alimentos industrializados e denotamos a fonte de nutrientes originada pelas frutas e pelos legumes.

Finalmente, colocamos a mão na massa e apresentamos diversas receitas veganas, como doces, saladas e pratos salgados.

A dieta vegana se apresenta como uma boa alternativa alimentar num planeta onde, segundo a Organização das Nações Unidas (ONU), uma em cada oito pessoas continua sem alimentos suficientes para sobreviver: cerca de 842 milhões de seres humanos (entre 2011 e 2013) passaram fome, especialmente na África subsaariana.

Mais que uma moda passageira, o veganismo deve ser considerado como uma alternativa consistente e consciente para consumir os alimentos e para viver no planeta Terra.

Worney Almeida de Souza

O que é
Vegano?

O vegano é aquele que não come nenhum produto de origem animal: carne de qualquer tipo ou cor (bovinos, aves ou peixes), laticínios (leite, queijos, manteiga) e outros alimentos derivados de animais, como ovos, mel, embutidos, banha e outros produtos.

Também não veste

roupas, bolsas ou calçados feitos de animais, excluindo de seu vestuário materiais como couro, lã e seda. Evita cosméticos e medicamentos que foram testados em animais ou que tenham em sua formulação produtos dessa origem – por exemplo, maquiagem que tenha em sua composição cera de abelha, xampu com tutano de boi ou sabonetes à base de glicerina animal.

O vegano consome o que o reino vegetal dispõe como alimentos: cereais (arroz, centeio, milho, trigo ou aveia, incluindo os pães e as massas), leguminosas (todos os feijões, grão-de-bico, ervilha ou lentilha), oleaginosas (nozes, sementes de girassol, amêndoas ou pistache), tubérculos (mandioca, batata, cará, inhame ou mandioquinha), legumes, verduras e frutas.

Enfim, o veganismo é um estilo de vida e de comportamento que respeita os animais e considera uma agressão e mesmo uma forma de escravidão o uso de animais para o consumo humano. Ao abdicar dos alimentos de origem animal, o vegano terá que adotar uma dieta diferente da usual e consumir outros alimentos que supram as necessidades energéticas e nutricionais para seu bem-estar corporal. Assim, pode-se fazer os mesmos pratos tradicionais, apenas trocando as matérias-primas de origem animal por outras vegetais e adotando uma nova variedade de ingredientes e formas de cozinhar e de se alimentar. Ao se adotar uma atitude vegana, o ser humano passa a ser mais cuidadoso e criterioso ao comprar seus alimentos e a se relacionar com o mundo do consumo. O veganismo é uma forma diferente de encarar a alimentação e de se sintonizar com a natureza. Uma nova interpretação da vida.

"Nada beneficiará mais a saúde da humanidade e aumentará as chances de sobrevivência da vida na Terra quanto a dieta vegetariana."

(Albert Einstein)

A origem da palavra Vegan

O termo inglês *vegan* é a adaptação da palavra *vegetarian*, criada por Donald Watson, em dezembro de 1944, na reunião de seis pessoas que fundaram a Vegan Society, uma dissidência da Vegetarian Society inglesa. Em português, a corruptela foi da palavra vegetariano para vegano.

Definições das Formas de Vegetarismo

- **Ovo-lacto-vegetariano:** utiliza ovos e lácteos.
- **Lacto-vegetariano:** utiliza derivados de leite, mas não os ovos.
- **Ovo-vegetariano:** utiliza ovos, mas não os lácteos.
- **Vegano:** não utiliza nenhum produto derivado do reino animal. É considerada a forma mais pura de vegetarianismo.

O Dia Mundial Vegano

O Dia Mundial Vegano foi instituído em 1994 para comemorar os 50 anos da criação da Vegan Society da Inglaterra, que surgiu em primeiro de novembro de 1944.

Fim da Exploração Animal

O veganismo propõe a abolição do consumo de todos os produtos e atividades que implicam exploração animal.
Manifesto da Sociedade Vegana

🌿 **Alimentação:** consumo de carne de quaisquer animais, vertebrados ou invertebrados, ovos, leite, gelatina, mel, cochonilha etc.;

🌿 **Vestuário:** uso de couro e outras peles, lã, penas, plumas, seda etc.;

🌿 **Entretenimento:** zoológicos e aquários, circos com animais, rodeios, touradas, corridas de animais, feiras e exposições de animais, rinhas, vaquejadas, farras-do-boi, cavalgadas, esportes que utilizam animais etc.;

🌿 **Trabalho animal:** tração e transporte, cão-guia, cão farejador, cão policial, cão segurança etc.;

🌿 **Experimentação animal:** procedimentos científicos ou didáticos, testes de segurança ou de qualidade de produtos diversos;

Caça e pesca, comércio de animais domésticos, exóticos ou silvestres. Utilização de animais em rituais religiosos e outras formas de exploração animal.

"A compaixão para com os animais é das mais nobres virtudes da natureza humana."

(Charles Darwin)

Artistas Veganos

Uma pequena lista de atores e atrizes que são ou foram veganos: Alicia Silverstone, Anne Hathaway, Casey Affleck, Chris Evans, Daryl Hannah, Ellen Degeneres, Fernanda Paes Leme, Gretchen Wyler, James Cromwell, Joaquin Phoenix, Kristen Stewart, Linda Blair, Natalie Portman, Pamela Anderson, Paulo Vilhena, River Phoenix, Rene Russo, Russel Brand, Thaila Ayala, Tobey Maguire, Thomas Dekker, Woody Harrelson e Zooey Deschanel.

Como o Veganismo Encara os Outros Seres Vivos

Cada organismo animal é um indivíduo, e como indivíduo tem seus direitos. Seu valor independe da espécie à qual ele pertence, se rara ou abundante, útil para algum propósito humano ou não. Sua existência possui valor em igual medida e se justifica por si mesma.

Manifesto da Sociedade Vegana

"Enquanto o homem continuar a ser destruidor impiedoso dos seres animados dos planos inferiores, não conhecerá a saúde nem a paz. Enquanto os homens massacrarem os animais, eles se matarão uns aos outros. Aquele que semeia a morte e o sofrimento não pode colher a alegria e o amor."

(Pitágoras)

Mike Tyson

Até o ex-boxeador e hoje personalidade Mike Tyson é vegano. Conhecido por sua agressividade dentro e fora dos ringues, o peso-pesado adotou a dieta vegana após sua mulher tentar a forma de consumo de alimentos saudáveis para perder peso.

"A maior mudança que qualquer pessoa pode fazer em seu próprio estilo de vida é tornar-se vegetariana. Exorto a todos que deem esse passo simples para ajudar o meio ambiente e salvá-lo para as crianças do futuro."

(Paul McCartney)

"Tendo lentilha, tomate e arroz, azeitonas, nozes e pão, por que o homem gosta de roer algo sangrento e morto?"

(Henry Bailey Stevens)

"Os sacrifícios foram inventados pelo homem como pretexto para comer carne."

(Clemente de Alexandria)

Benefícios da Dieta Vegana para a *Saúde*

Benefícios da dieta vegana para a saúde

"O erro da ética até o momento tem sido a crença de que só se deva aplicá-la em relação aos homens."

(Dr. Albert Schweitzer)

Segundo o doutor

Eric Slywitch, médico especialista em Nutrologia, Nutrição Clínica e Nutrição Enteral e Parenteral e coordenador do Departamento de Medicina e Nutrição da Sociedade Vegetariana Brasileira (SVB) e autor do livro Alimentação sem Carne, os benefícios da dieta vegana ou vegetariana são inúmeros:

- redução das mortes por infarto (doença cardíaca isquêmica) em 30% em homens e 20% em mulheres vegetarianas (estudo com 76 mil indivíduos);
- níveis sanguíneos de colesterol até 35% mais baixos em vegetarianos;
- menor pressão arterial (redução de 5 a 10 mmHg) nos vegetarianos;
- redução de até 50% do risco de apresentar doença diverticular nos vegetarianos;
- redução de até 50% do risco de apresentar diabetes nos vegetarianos;
- probabilidade duas vezes menor de apresentar pedras na vesícula nas mulheres vegetarianas;
- os não vegetarianos têm um risco 54% maior de ter câncer de próstata e 88 % maior de ter câncer de intestino grosso;
- aparentemente, o consumo de carne aumenta em até três vezes as chances de desenvolver demência cerebral;
- aparentemente, uma dieta vegetariana sem derivados animais e com predominância de alimentos crus reduz os sintomas de fibromialgia.

Sobre os nutrientes, o doutor Eric ressalta: "Os estudos demonstram que apenas a vitamina B12 pode estar em quantidade inadequada numa dieta sem derivados animais. Todos os outros nutrientes podem ser adequadamente supridos mesmo quando os ovos e lácteos não são utilizados. A maioria dos nutrientes ingeridos (vitaminas e minerais) ultrapassa as quantidades ingeridas dos comedores de carne. Ao se elaborar um cardápio para um vegetariano deve-se enfatizar os alimentos com os seguintes nutrientes: zinco, ferro, cálcio, vitamina B2, B12 e gorduras do tipo ômega 3. Se a exposição solar não for adequada devemos também enfatizar a vitamina D."

Sobre as proteínas, o doutor Eric diz: "Esse é um dos grandes mitos sobre o vegetarianismo. Se o indivíduo atinge as suas necessidades calóricas com alimentos baseados em grãos, automaticamente a sua cota proteica com todos os aminoácidos essenciais é atingida. Os maiores estudos sobre o assunto (meta-análise) demonstram que não há diferença na incorporação da proteína no corpo quando ela é proveniente do reino animal ou vegetal. Existem marcadores sanguíneos que podem ser dosados para verificar o 'estado proteico' da pessoa. A albumina sanguínea é um deles. Veganos têm níveis sanguíneos significativamente mais altos do que não vegetarianos, evidenciando um ótimo perfil de nutrição proteica."

>>> Por fim:

"Procurar um nutricionista e/ou um médico nutrólogo para orientações seria muito bom. Infelizmente são raros os que trabalham com vegetarianos. Procure basear a sua alimentação em grãos integrais. Ninguém se sustenta apenas com salada! Salada faz parte, mas não deve ser base da alimentação. Procure variar os grupos (cereais, leguminosas, tubérculos, oleaginosas, frutas, verduras e legumes) de alimentos ingeridos. É muito importante atingir a necessidade energética diária."

Dr. Eric Slywitch é médico especialista em Nutrologia e coordenador do Departamento de Medicina e Nutrição da SVB.

Questões sobre o Consumo Vegano

A atitude vegana

suscita muitas questões que interferem no dia a dia de quem resolve consumir apenas produtos veganos. Assim, **Vida & Saúde Vegana** recorreu a Laura Kim (vegana desde 2003, ativista pelos direitos dos animais e professora de culinária vegana) do site *veganismo.org.br*, que responde a uma série de perguntas pertinentes de forma muito esclarecedora.

Questões sobre o consumo vegano

Qual a diferença entre vegano e vegetariano?

Laura Kim: Vegetarianismo é um regime alimentar que exclui as carnes de animais da dieta, com ou sem consumo de laticínios ou ovos.

Veganismo é, além da dieta, é um estilo de vida em respeito aos animais: excluímos da alimentação, do vestuário e do dia a dia qualquer produto derivado de animal, boicotamos indústrias que não respeitam animais, não apoiamos diversões onde eles são usados; profissionalmente não é possível ser vegano se você trabalha vendendo animais, por exemplo.

O que vou comer, agora que evito carnes e derivados animais?

Laura Kim: Você vai comer de tudo, exceto carnes e derivados animais, e descobrir um mundo de variedades de novos alimentos e combinações.

É possível preparar todas as receitas tradicionais sem derivado animal algum: hambúrguer, lasanha, feijoada, estrogonofe, macarronada com almôndega, maionese, pizzas, pratos orientais, coxinha, quibe, pastéis, pães, tortas salgadas e doces, bolo de chocolate e de frutas, pudim, gelatina, brigadeiro, biscoitos, sorvetes, leite vegetal de vários tipos...

Procure, na internet, receitas veganas, adquira um livro de receitas veganas, faça amizades com veganos: desse jeito você não passa vontade e se mantém motivado. Ao comprar alimentos prontos, sempre cheque antes os rótulos, pois não devem conter derivados animais.

Vegana

"Olá! Sou Laura Kim, virginiana de 74, orgulhosamente vegan desde 2003. Já fui recepcionista, cabeleireira, vendedora de roupas, perfumes e móveis, funcionária pública, bacharel em Direito, cozinheira, dona de restaurante e motogirl. Hoje sou eu mesma, Laura, e me dedico apenas às coisas que amo."

O que são carnes e derivados animais?

Laura Kim: Referimo-nos às carnes de todos os animais: mamíferos, herbívoros, répteis, aves e aquáticos. Derivados seriam subprodutos dessas carnes: presuntos, salsichas, linguiças etc. Incluem-se também como derivados: laticínios (queijos, leites de animais), ovos de animais de qualquer espécie, mel de abelhas, corante carmim cochonilha (feito a partir de um besouro torrado), banha animal, enfim, qualquer resíduo do corpo de um animal.

Como devemos ler os rótulos dos produtos?

Laura Kim: Rótulos de embalagens são um enigma, muitas vezes nem químicos conseguem decifrar facilmente; sempre que surgir a dúvida, entre em contato com o serviço de atendimento ao consumidor da empresa e questione. O seu objetivo é comprar produtos que não explorem animais, então não devem conter resíduos animais na composição, tampouco ter sido testados em animais.

Felizmente, hoje em dia há muitas empresas que estampam no rótulo "não testado em animais" ou "produto livre de ingredientes animais." Privilegie essas empresas que demonstram respeito pelos animais. É seu direito de consumidor saber o que está comprando. Pergunte ao vendedor ou gerente da loja, verifique etiquetas: o consumidor tem poder, sua vontade faz toda a diferença.

A decisão ética de não se alimentar de animais logicamente estende-se a não usar produtos feitos com pele ou outras partes de corpos de animais.

Questões sobre o consumo vegano

Ser vegano é ser natural?

Laura Kim: Natural significa relativo à natureza, não feito pela mão do homem; então, ser natural seria comer alimentos não industrializados, utilizar frutas ou ervas para higiene em vez de produtos processados, e assim por diante. Ser vegano é viver respeitando os animais.

Diante desses conceitos, um vegano pode ser natural, assim como uma pessoa adepta do estilo natural de vida pode ser vegana também. O contrário é verdadeiro: um vegano pode ser não natural, assim como uma pessoa naturalista pode não ser vegana.

É muito caro ser vegano?

Laura Kim: Todos os produtos de origem animal são excluídos da dieta vegana; partindo desse princípio, é mais barato ser vegano.

Imagine suas receitas livres de carnes, ovos, queijos e leites: você economiza, não consome colesterol e descobre incríveis maneiras de incrementar suas receitas, maximizando o paladar e a saúde. A mudança a ser feita é passar a se alimentar melhor: frutas, verduras, legumes, cereais, grãos, oleaginosas. Isso não é caro, ainda mais se avaliarmos os benefícios à saúde. É mais econômico, saudável e delicioso ser vegano, e não pesa na consciência: mente sã em corpo sadio.

"Na raiz de quase todas as misérias materiais e, sobretudo, morais, está uma falta de amor, uma fome de afeição que não foi satisfeita."

(Georges Arnold)

Veganismo é religião?

Laura Kim: Veganismo não é religião. Veganismo é um estilo de vida em respeito aos animais. Pessoas de todas as idades, classes sociais, nacionalidades e religiões – ou quem não tem religião – podem, a qualquer momento da vida, decidir mudar sua conduta.

Devo divulgar o veganismo para as pessoas?

Laura Kim: Sim. Divulgue essa ideia, mas com discrição: nem sempre as pessoas estão abertas a novidades ou simplesmente não querem ouvir no momento. Respeite, sinta a receptividade, fale com quem queira ouvir, quem esteja aberto à informação.

Para ser vegano, basta não comer nada de origem animal?

Laura Kim: A alimentação é o que você faz várias vezes ao dia, então é uma etapa importante no veganismo, mas não somente isso: não adianta deixar de comer bife e em seguida comprar um calçado feito de couro de boi ou comprar xampu ou sabonete feitos com banha animal, ou, ainda, ir divertir-se no rodeio.

Temos de ser coerentes em nossas atitudes para sermos respeitados. O veganismo abrange todas as áreas da vida: dieta, vestuário, higiene, diversões, profissão. Acredite: é simples, fácil e gostoso ser vegano.

> "O primeiro dos bens, depois da saúde, é a paz interior."
>
> (François La Rochefoucauld)

Questões sobre o consumo vegano

Corro risco de ficar doente ao me tornar vegano?

Laura Kim: Todos os alimentos derivados de animais colaboram para o acúmulo do colesterol ruim LDL (lipoproteína de baixa densidade), endurecendo e entupindo os vasos sanguíneos devido ao acúmulo de gordura saturada. A dieta estritamente vegetal – vegana – é livre de colesterol ruim, favorecendo a circulação sanguínea; evitamos, assim, doenças do coração, hipertensão arterial, diabetes, obesidade e cânceres, principalmente de intestino – além de tudo, carnes são de difícil assimilação pelo organismo humano. A impotência sexual também é evitada, com vasos sanguíneos mais limpos. A dieta vegana apresenta o chamado bom colesterol, necessário à saúde humana, encontrado nas oleaginosas, azeite e demais óleos vegetais (gorduras insaturadas).

Obviamente, simplesmente não comer carne ou queijos não garante saúde; como todas as pessoas, os veganos devem buscar uma dieta equilibrada com proteínas, vitaminas e cálcio, priorizando os grãos integrais, alimentos orgânicos e a comida mais próxima possível do natural, além de adotar hábitos saudáveis, como exercícios físicos e mente positiva.

Fiquei doente, preciso tomar remédios. E agora?

Laura Kim: A finalidade do veganismo é evitar ao máximo a exploração animal, e não fazer as pessoas se sentirem mal. Você tem de usar o bom-senso, pesar suas opções: se a única alternativa é tomar antibióticos testados em animais, você não deveria sentir-se mal quando não há outra escolha, afinal não é culpa sua que muitas indústrias ainda continuem com hábitos medievais.

Colocar sua saúde em risco não vai ajudar os animais; cuide-se, mantenha-se saudável, para então fazer a diferença no mundo.

Vou emagrecer sendo vegano?

Laura Kim: Provavelmente sim: o organismo trabalha melhor e mais rápido sem carnes ou derivados animais, prejudiciais ao funcionamento do intestino, e a ingestão de fibras favorece esse mecanismo; de início você já facilita a digestão. Outra coisa a se considerar é que sem gordura saturada, caso da dieta estritamente vegetal, seu corpo dificilmente acumula massa corporal: vasos sanguíneos limpos, boa circulação sanguínea.

Tem também o fator do novo: na dieta vegano passamos a conhecer nossa refeição, descobrimos novos alimentos, passamos a nos interessar por assuntos de saúde e dessa maneira tudo acaba contribuindo para o bem-estar físico geral.

É tão difícil achar produtos veganos na minha cidade! Como faço para ser vegano?

Laura Kim: Não importa onde você mora, sempre haverá produtos veganos. Simples exemplo é a feira livre em seu bairro: frutas, verduras, legumes, folhagens, caldo de cana, tudo isso é vegano. Também os cereais, variedades de arroz e de feijão, grão-de-bico, farinhas, cereais, castanhas e nozes de todos os tipos, sementes de gergelim e de girassol, imagine as infinitas combinações de pratos que podemos preparar. Quanto aos produtos industrializados, atenção nos rótulos: leia as embalagens e veja se contêm derivados animais; na dúvida, não compre; antes telefone para o serviço de atendimento ao consumidor (SAC) e questione suas dúvidas. É seu direito de consumidor saber o que está comprando.

Questões sobre o consumo vegano

Meus pais não respeitam meu veganismo. Como lidar com essa situação?

Laura Kim: Muitas mães insistem em adicionar ingredientes animais nos pratos que estão preparando e dizem que não há ingrediente animal nenhum; quando isso acontece, é porque se preocupam com sua saúde. Não tem jeito. Até seus pais se acostumarem com sua mudança, mantenha-se convicto de sua decisão, seja paciente e converse com eles, estude sobre os benefícios da dieta vegana. Saiba que há veganos saudáveis há décadas no Brasil e no mundo. Não há perigo nenhum em ser vegano, e sim a pessoa torna-se mais saudável. E sempre deixe claro o motivo que o levou a tomar essa decisão: respeito por todos os animais.

> "Há muito de verdade no dito de que o homem se torna aquilo que come. Quanto mais grosseiro o alimento, tanto mais grosseiro o corpo."
>
> (Mahatma Gandhi)

O que acontecerá com os animais se muita gente tornar-se vegana?

Laura Kim: Imediatamente, os animais deixarão de sofrer; com o tempo, quanto menos as pessoas consumirem animais, cada vez menos eles serão artificialmente reproduzidos nas fazendas; afinal, quanto menor a procura, menor a oferta. A indústria da carne faz com que os animais reproduzam-se de modo anormal; então não se preocupe, não haveria animais sobrando no planeta. Se os animais marinhos fossem deixados em paz no seu habitat, faunas e espécies seriam mantidas. Viveremos num mundo melhor quando a sensibilidade voltar aos corações humanos.

Devo gostar de animais para ser vegano?
Laura Kim: Amar nunca é demais, mas a base do veganismo é o respeito aos animais, respeitá-los como a si mesmo ou a alguém de sua estima.

Como comprar roupas e calçados veganos?
Laura Kim: Evite vestuários de couro, seda, lã ou qualquer outro componente animal. Pode comprar couro vegetal, napa, lona, sintéticos em geral.

Questões sobre o consumo vegano

Qual o benefício do veganismo para o planeta?

Laura Kim: Os impactos da indústria da carne e do leite atingem o uso excessivo de água e o desmatamento de solos férteis para pastagem; se as plantações destinadas aos animais das indústrias fossem direcionadas para populações humanas, praticamente não haveria mais fome no mundo. A pesca industrial também é prejudicial à natureza, desequilibrando faunas e extinguindo espécies.

O número indiscriminado de animais reproduzidos artificialmente nas fábricas e os efeitos de sua morte prejudicam a condição climática terrestre, e os dejetos que sobram disso tudo são despejados na natureza, degradando ainda mais a harmonia terrestre. Diante desses pensamentos, podemos concluir que o veganismo é um caminho para um mundo melhor.

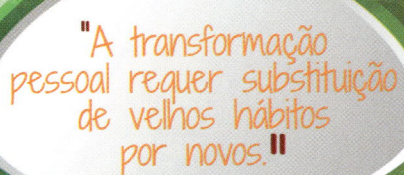

"A transformação pessoal requer substituição de velhos hábitos por novos."
(W.A. Peterson)

Identidade vegana: Donald Watson

Apresentamos Donald Watson, o precursor do Veganismo e, certamente, o nome mais expressivo do movimento vegano, persona fundamental para o crescimento e a definição da filosofia.

Identidade vegana: Donald Watson

Donald Watson

nasceu em 2 de setembro de 1910, na cidade de Mexborough, em Yorkshire, na Inglaterra. Filho de um diretor de uma vila mineira, começou a questionar a alimentação animal quando visitava a fazenda de seu tio George. A decisão de não consumir alimentos originários de animais aconteceu depois que ele viu o abate de porcos. Assim, aos 14 anos de idade, Donald tomou uma resolução de Ano Novo de se tornar vegetariano. Um ano depois, Donald começou a trabalhar como aprendiz de carpintaria. Aos 20 anos já era professor de marcenaria, lecionando em Leicester. Mudando-se para a cidade de Keswick, foi mestre por 23 anos, militou na Sociedade Vegetariana de Cumbria e se dedicou a hortas orgânicas durante toda a vida.

Donald Watson não fumava, não bebia álcool e não comia alimentos ou substâncias que considerava tóxicas. Na década de 40, depois de conhecer o processo de produção do leite, tornou-se vegano. Em novembro de 1944, Watson, sua esposa, Dorothy e mais quatro amigos fundaram a Sociedade Vegana. Donald foi o editor, redator e produtor do boletim trimestral da associação, *The Vegan News*, por dois anos. Além de imprimir e distribuir o jornal, ele também respondia à crescente correspondência. Agnóstico, Donald não se filiava a nenhum partido político, mas estabeleceu compromissos pacifistas durante a vida, inclusive foi objetivador por consciência durante a II Guerra Mundial.

Opondo-se a qualquer dano às criaturas vivas, Watson gostava de ciclismo, tocar violino e fotografar. Donald Watson faleceu em 16 de novembro de 2005, aos 95 anos de idade, na cidade de Keswick, em Cumbria, na Inglaterra. Para divulgar o pensamento de Donald Watson, publicamos alguns extratos de uma entrevista concedida para George D. Rodger, em 15 de dezembro de 2002.

"A grandeza de uma nação pode ser julgada pelo modo que seus animais são tratados."

(Mahatma Gandhi)

Quando você começou a ser vegetariano?

Donald Watson: Foi uma resolução de Ano Novo em 1924, desde então eu não tenho comido qualquer carne ou peixe por 78 anos.

Conte-me sobre os primeiros dias da Sociedade Vegana.

Donald Watson: Nos dois anos antes de formarmos uma sociedade democrática, eu literalmente comandei o show. A partir da resposta que tive – milhares de cartas – eu sinto que se não tivesse formado a Sociedade alguém teria feito isso, embora possa ter tido um nome diferente. A palavra "vegano" foi imediatamente aceita e se tornou parte da nossa língua e agora está em quase todos os dicionários do mundo, acho. Não posso deixar de considerar a nossa revista trimestral *Vegan News*, que produzi com muito grande trabalho, atraente, mas com humildade. Normalmente eu passava uma noite inteira montando e grampeando as páginas do boletim. Limitava o número de assinantes em quinhentos, porque não poderia lidar com um número maior. Em comparação com a democracia, a ditadura tem vantagens óbvias. Nos primeiros dias de *Vegan News* eu poderia fazer tudo do meu jeito. Não acho que a publicação poderia ter sobrevivido se eu tivesse de escrever para as poucas pessoas que concordavam comigo e pedir suas opiniões. Eu não tinha telefone nem carro a motor. Só podia esperar que eles discutissem minhas opiniões depois que entregava o trabalho.

> "Come pouco ao almoço e menos ainda ao jantar, que a saúde de todo o corpo constrói-se na oficina do estômago."
>
> (Miguel de Cervantes)

Identidade vegana: Donald Watson

"Os vegetais constituem alimentação suficiente para o estômago e, no entanto, recheamo-lo de vidas valiosas."
(Sêneca)

O que você acha mais difícil em ser vegano?

Donald Watson: Bem, acho que é o aspecto social. Me excomungar de uma parte da vida, onde as pessoas se encontram para comer. A única maneira deste problema ser facilitado pelo veganismo é tornar (essa concepção) mais e mais aceitável em casas de hóspedes, hotéis e onde quer que se vá, até que um dia ele vai se tornar a norma.

E o outro lado da moeda: o que você acha mais fácil em ser vegano?

Donald Watson: A grande vantagem de ter a consciência tranquila e acreditando que os cientistas devem agora aceitar a consciência como parte da equação científica.

Quais são os seus pontos de vista sobre os organismos geneticamente modificados?

Donald Watson: Como diz o velho ditado, se uma coisa parece boa demais para ser verdade, provavelmente é demasiado bom para ser verdade! Eu tenho certeza que este é um exemplo clássico, muito para além da natureza genética irreversível do que é nosso fornecimento de alimentos primordiais no futuro.

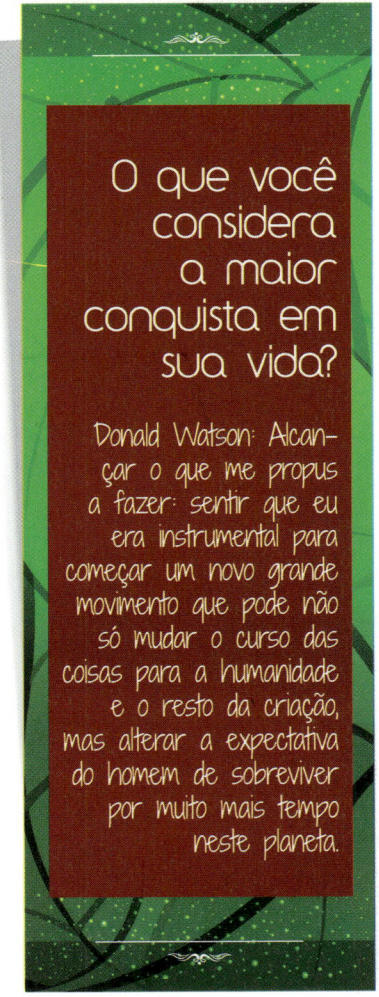

O que você considera a maior conquista em sua vida?

Donald Watson: Alcançar o que me propus a fazer: sentir que eu era instrumental para começar um novo grande movimento que pode não só mudar o curso das coisas para a humanidade e o resto da criação, mas alterar a expectativa do homem de sobreviver por muito mais tempo neste planeta.

Você tem alguma mensagem para os vegetarianos?

Donald Watson: Aceitar que o Vegetarianismo é apenas um trampolim entre comer carne e o veganismo. Pode haver veganos que fazem a alteração em um único salto, mas tenho certeza de que, para a maioria das pessoas, o Vegetarianismo é um ponto de passagem necessário. Eu ainda sou um membro da Sociedade Vegetariana e mantenho contato com o movimento. Fiquei muito satisfeito ao saber que, na Conferência Mundial do Vegetarianismo, em Edimburgo, a dieta foi vegana e os participantes não tinham como escolher. Esta semente pequena que eu plantei há 60 anos está manifestando sua presença.

Você tem 92 anos e 104 dias de vida a partir de hoje. A que você atribui sua longa vida?

Donald Watson: Eu me casei com uma menina galesa, que me ensinou um ditado: "Quando todo mundo corre, fique parado" e parece que eu tenho feito isso desde então. Isso deve ser parte da resposta, porque tantas pessoas estão correndo para o que eu vejo como suicídio, realizando hábitos que todo mundo sabe que são perigosos. Sempre acredito que o maior erro do homem foi se transformar um carnívoro, contrário à lei natural. Inevitavelmente, suponho que, dentro dos próximos dez anos, uma manhã eu não vou acordar. E depois? Haverá um funeral, haverá um punhado de pessoas nele e, como Shaw previu para o seu próprio funeral, haverá os espíritos de todos os animais que nunca comi. Nesse caso, será um grande funeral!

> "A verdadeira amizade é como a saúde: o seu valor só é reconhecido quando a perdemos."
>
> (Charles Colton)

"A felicidade consiste em três pontos: trabalho, paz e saúde."
(Abílio Guerra Junqueiro)

Você tem alguma mensagem para os milhões de pessoas que estão buscando agora o Veganismo?

Donald Watson: Leve a visão ampla do que significa o veganismo; algo além de encontrar uma nova alternativa para ovos mexidos com torradas ou uma nova receita de bolo de Natal. Perceber que você está em algo realmente grande, algo que não havia sido interpretado até 60 anos atrás... E isso não envolve semanas ou meses para estudar gráficos de dieta ou a leitura de livros pelos chamados especialistas. Significa compreender alguns fatos simples e aplicá-los.

Vegana

Adotando um Círculo
Virtuoso

Conversamos com Marly Winckler, presidente da Sociedade Brasileira Vegetariana (SVB) desde 2003. Socióloga e tradutora de mais de 50 livros, como *Libertação Animal*, de Peter Singer, Marly também criou um sítio vegetariano e modera as listas de discussão veg-brasil e ivu-latina.

Adotando um círculo virtuoso

Ela também

é presidente da União Vegetariana Internacional (IVU) desde 2012 e coordenadora para a América Latina e o Caribe na mesma entidade. Marly Winckler é autora de livros como *Vegetarianismo – Elementos para uma Conversa sobre* e *Fundamentos do Vegetarianismo*.

Marly Winckler, que começou a praticar o Vegetarianismo em 1983 e é vegana desde 1995, assegura que: "A questão ética está se tornando a principal motivação para que as pessoas se tornem vegetarianas ou veganas. Tradicionalmente as pessoas se tornavam vegetarianas pela questão de saúde, mas à medida que se toma maior conhecimento da maneira como os animais são criados isso gera uma revolta, uma indignação. Não querer estar associado a isso faz com que as pessoas se tornem veganas."

Ela continua: "Atualmente 60 bilhões de animais são abatidos por ano para o consumo humano. Os animais são mantidos confinados em condições de estresse permanente, superalimentados, entupidos de hormônios, antibióticos e mutilados. Também são abatidos muito jovens; os frangos, por exemplo, morrem com apenas 40 dias de vida."

Marly ressalta que a alimentação ao estilo americano é baseada no consumo de carne processada, é uma dieta triste. Não é à toa que a obesidade é uma doença crescente nos EUA e já se tornou um problema de saúde pública. E atinge também o Brasil, onde grande parte das crianças está acima do peso por comer uma dieta baseada em frango, hambúrguer e massas. Essa dieta à base de carne também está vinculada às doenças que mais matam, como diabetes, cardiopatias e câncer.

"A verdadeira felicidade é impossível sem verdadeira saúde, e a verdadeira saúde é impossível sem rigoroso controle da gula."

(Mahatma Gandhi)

Vegana

Marly Winckler é socióloga e tradutora. Vegetariana desde 1983 e vegana desde 1995, criou o sítio Vegetariano e modera as listas de discussão veg-brasil e ivu-latina. Desde 2003 preside a Sociedade Vegetariana Brasileira (SVB).

"A compaixão pelos animais está intimamente ligada a bondade de caráter, e pode ser seguramente afirmado que quem é cruel com os animais não pode ser um bom homem."

(Arthur Schopenhauer)

O Ministério da Saúde recomenda que o consumo seguro de carne deva ser de, no máximo, 100 g diárias ou 100 g três vezes por semana, mas a média de consumo no Brasil é de 220 g por pessoa diariamente.

Marly entende que os governos deveriam investir na educação alimentar para ensinar como manter uma alimentação saudável, a produção de alimentos orgânicos e técnicas artesanais de agricultura, assim como subsidiar o pequeno agricultor e aquele que produz para alimentar a população. Infelizmente, a indústria da carne é poderosa e, além de receber subsídios e incentivos fiscais do governo federal, ocupa a grande parte das terras destinadas para o cultivo. Também é responsável, juntamente com a indústria da soja, pelo desmatamento da Amazônia. Literalmente, a indústria da carne está "comendo" a Amazônia!

Além de todo o impacto ambiental que a pecuária ocasiona, pois 18% do total das emissões de gases que causam o efeito estufa são originários da criação de bovinos, a produção de um quilo de carne consume cerca de 15,5 mil litros de água, que resulta em contaminação e grande desperdício do precioso líquido, cada vez mais escasso.

A Sociedade Vegetariana Brasileira tem um trabalho constante de interlocução com entidades profissionais e médicas para desvendar a dieta sem carne. Assim, desde 2011, o Conselho Regional de Nutrição de São Paulo tem um parecer favorável sobre a dieta vegetariana, que pode ser indicada para qualquer faixa etária.

Adotando um círculo virtuoso

Também houve uma mudança da visão de nutrólogos (médicos especializados em Nutrição) sobre a dieta vegana. Marly Winckler finaliza suas considerações ressaltando que adotar uma dieta vegetariana ou vegana é romper o círculo vicioso de consumo de carne, adotando um círculo virtuoso de vida e de alimentação.

Ações da SVB

A Sociedade Vegetariana Brasileira trabalha com a conscientização dos interessados e de entidades públicas sobre a necessidade de uma dieta sem carne. A SVB comemorou dez anos, em 2013, inaugurando uma nova sede na cidade de São Paulo. Também lançou o selo "Aprovado SVB" para produtos veganos, que garante que o produto não tem nenhum ingrediente de origem animal nem houve testes em animais na cadeia de fornecimento. O programa de certificação tem um processo rigoroso e já existem produtos certificados no mercado.

Reafirmando seu compromisso

em eliminar o preconceito contra o Vegetarianismo entre os profissionais de saúde, SVB participou da revisão do Guia Alimentar do Ministério da Saúde. A SVB organizou o Vegfest, na Universidade Federal do Paraná, com mais de 1.500 participantes, 80 palestras e 100 horas de programação. O evento foi o maior do gênero na América Latina.

A SVB também combate a desinformação na mídia, segundo a página eletrônica da entidade: o jornal *Folha de São Paulo*, a revista *Claúdia*, Concea, Seletti e outras instituições e veículos de comunicação foram advertidos. A SVB reagiu de maneira exemplar, por exemplo, ao comercial da Friboi, em que um nutricionista afirmou que "carne é essencial", acionando CRN-4 e CONAR. No caso da *Folha de São Paulo*, em que um crítico de gastronomia afirmou que "dieta vegana causa carência de nutrientes", SVB conseguiu metade da terceira página do jornal para o artigo "Dieta rica e saudável".

Uma das ações centrais da SVB é a campanha "Se você ama um, por que come o outro?", trabalhando com mídias de alto impacto (como *outdoors*, cartazes, *banners* e anúncios eletrônicos) nas ruas, metrôs e locais de grande circulação, como pontos de ônibus, na Rodovia Imigrantes (São Paulo) e em estações rodoviárias em Curitiba, Belo Horizonte, Brasília e São Paulo. Outro programa exitoso é o Segunda Sem Carne, adotado por várias municipalidades e por dois governos de Estado em suas merendas escolares.

Campanha "Segunda Sem Carne"

A campanha Segunda Sem Carne se propõe: "... a conscientizar as pessoas sobre os impactos que o uso de produtos de origem animal para alimentação tem sobre os animais, a sociedade, a saúde humana e o planeta, convidando-as a tirá-los do prato pelo menos uma vez por semana e a descobrir novos sabores. Existente em 35 países, como nos Estados Unidos e no Reino Unido (onde é encabeçada pelo ex-beatle Paul McCartney) e apoiada por inúmeros líderes internacionais."

A campanha foi lançada em 2009 em parceria da Secretaria do Verde e do Meio Ambiente (SVMA) da prefeitura de São Paulo com a SVB. Foi implantado na rede de escolas municipais, dois anos depois, o programa Alimentação Escolar Vegetariana. Assim os alunos têm acesso a refeições livres de produtos animais. O impacto positivo é demonstrado em números com

> "A água de boa qualidade é como a saúde ou a liberdade: só tem valor quando acaba."
>
> (Guimarães Rosa)

937 mil alunos beneficiados; a municipalidade deixou de comprar 88 mil quilos de carne mensalmente, evitando o consumo de 1,3 bilhão de água que seriam usados para a produção desse total de carne.

A campanha também foi implantada em outras cidades, como: Osasco, Rio de Janeiro, Curitiba, Teresina, Niterói e São Lourenço da Serra e pelos governos do Estado de São Paulo e do Distrito Federal. O Seminário sobre o tema foi realizado na Câmara Municipal de São Paulo em novembro de 2013 e atraiu mais de 50 outras cidades interessadas em reproduzir o projeto.

Várias personalidades incentivam e praticam a Segunda Sem Carne, como Gilberto Gil, Marisa Monte, Ziggy Marley, Moby, Diogo Vilela, Eduardo Jorge, Zélia Duncan, Fernando Gabeira, Lucia Veríssimo, entre outros.

Para maiores informações e adesões entre na página eletrônica: www.segundasemcarne.com.br.

Vegana

Decifrando os Rótulos dos Alimentos

Rótulos dos Alimentos Vegana

Diariamente recebemos uma grande carga de informações sobre os alimentos.

Muitos conceitos são usados e até já passaram para a linguagem comum, mas a maioria das pessoas desconhece o real significado de muitos termos que aparecem nos rótulos e nas embalagens. Isso pode causar alguns problemas, especialmente quando se compram produtos alimentícios em supermercados e mercados ou quando esses são consumidos em bares, restaurantes e lanchonetes. Assim, apresentamos um pequeno glossário para melhor orientar a compra e o consumo dos alimentos:

- **Alimento**: É toda a substância ou mistura de substância, no estado sólido, líquido, pastoso ou qualquer forma adequada, destinada a fornecer ao organismo humano os elementos normais à sua formação, manutenção e desenvolvimento.

- **Matéria-prima alimentar**: É toda a substância de origem vegetal ou animal, em estado bruto, que para ser utilizada como alimento precisa sofrer tratamento e/ou transformação de natureza física, química ou biológica.

Rótulos dos Alimentos

🌱 Alimento "in natura"	É o alimento de origem vegetal ou animal para consumo imediato que exige apenas a remoção da parte não comestível (cascas). Pode também ser apresentado em pedaços ou em peças, de acordo com a musculatura do animal.
🌱 Produto alimentício	É o alimento derivado de matéria-prima alimentar ou de alimento "in natura", adicionado ou não de outras substâncias permitidas, obtido por um processo tecnológico adequado.
🌱 Alimento perecível	É o alimento que, por suas características físico-químicas, é facilmente deteriorável, necessitando de condições específicas de conservação.
🌱 Alimento clandestino	É aquele que não possui registro exigido no órgão competente, ou seja, que não teve o acompanhamento técnico de sua origem, industrialização, embalagem ou transporte.
🌱 Alimento impróprio	É todo aquele que se encontra em desacordo com as normas reguladoras estabelecidas para seu transporte, comercialização, manipulação e distribuição. Ele pode ser encontrado deteriorado, corrompido, adulterado, falsificado, fraudado, clandestino, com prazo de validade vencido, prejudicial ou imprestável à ingestão e em desacordo com o padrão de identidade e de qualidade.
🌱 Alimento enriquecido	É o alimento que tenha sido adicionado de substância nutriente, com a finalidade de reforçar seu valor nutritivo.

Vida & Saúde

Vegana

• Alimento dietético ou diet	É o alimento elaborado para regimes alimentares especiais, que não contêm açúcares ou gorduras em sua composição.
• Alimento light	É o alimento elaborado com quantidades de açúcares e calorias menores que o usual.
• Alimento transgênico	É o alimento que foi manipulado por meio de técnicas avançadas de engenharia genética para melhorar a produtividade ou sua resistência às pragas.
• Alimento funcional	É todo o alimento ou ingrediente que, além das funções nutricionais básicas, quando consumido como parte da dieta usual produz efeitos metabólicos e/ou fisiológicos benéficos à saúde, equilibrando as funções do organismo, mantendo ou diminuindo os riscos de determinadas doenças, devendo ser seguro para o consumo sem supervisão médica.
• Alimento de fantasia ou artificial	É o alimento preparado com o objetivo de imitar o alimento natural e que em sua composição tenha substância não encontrada no alimento a ser imitado.
• Alimento sucedâneo	É o alimento elaborado para substituir o alimento natural, assegurando o valor nutritivo do mesmo.
• Alimento irradiado	É o alimento que foi submetido à ação de radiações ionizantes, com a finalidade de preservá-lo ou para fins lícitos.
• Ingrediente	É todo o componente alimentar (matéria-prima alimentar ou alimento "in-natura") que entra na elaboração de um produto alimentício.

Rótulos dos Alimentos

• Aditivo intencional	É a substância ou mistura de substâncias, dotadas ou não de valor nutritivo, juntada ao alimento com a finalidade de impedir alterações, manter, conferir ou intensificar seu aroma, cor e sabor. Pode também modificar ou manter seu estado físico geral ou exercer qualquer ação exigida para uma boa fabricação do alimento.
• Aditivo incidental	É a substância residual ou migrada presente no alimento, em decorrência dos tratamentos prévios que possam ter sido submetidos à matéria-prima alimentar ou o alimento "in natura." Esse aditivo pode também estar presente no alimento pelo contato com artigos e utensílios empregados nas diversas fases de fabricação, manipulação, embalagem, transporte ou venda.
• Aromatizante	É toda a substância que confere aroma artificial a um produto alimentício.
• Características organolépticas ou sensoriais	São as propriedades de cada alimento no que se refere a cor, odor, sabor e textura ou consistência, perceptíveis pelos sentidos humanos.
• Padrão de identidade e qualidade	É o conjunto de normas estabelecidas pelo órgão fiscalizador competente que dispõe sobre a denominação, definição e composição do alimento, matérias-primas alimentares, alimentos "in natura" e aditivos intencionais, fixando requisitos de higiene, normas de envasamento e rotulagem, métodos de amostragem e análise.

Vida & Saúde

Vegana

🌱 Rótulo	É qualquer identificação impressa ou litografada, bem como dizeres pintados ou gravados a fogo, por pressão ou decalque, aplicados sobre recipiente, vasilhame, envoltório, cartucho ou qualquer tipo de embalagem do alimento.
🌱 Embalagem	É qualquer forma pela qual o alimento tenha sido acondicionado, guardado, empacotado ou envasado.
🌱 Envasamento	É a forma do alimento ser guardado num recipiente, geralmente em sua forma líquida.
🌱 Data de fabricação	É a data em que foi finalizado o processo de fabricação ou de manuseio do alimento. A partir desse parâmetro é que se começa a contar o prazo de validade do produto.
🌱 Prazo de validade	É o limite de tempo em que o alimento poderá ser consumido sem que suas características de conservação estejam comprometidas.
🌱 Lote	É o controle do fabricante sobre uma determinada quantidade de alimentos que foram produzidos num mesmo período de tempo e nas mesmas condições de manipulação.

Rótulos dos Alimentos

"Virá o dia em que a matança de um animal será considerada crime tanto quanto o assassinato de um homem."

(Leonardo da Vinci)

A seguir, apresentamos os ingredientes de origem animal mais encontrados nos alimentos industrializados.

Ácido láctico (possivelmente não vegano)	Mesmo com o nome, o elemento é obtido através da fermentação do amido de milho ou do açúcar de beterraba. O ácido lático não vegano é o obtido por meio da fermentação do leite.
Aroma natural (possivelmente não vegano)	Pode ser de qualquer origem, inclusive animal. Verifique se existe uma indicação explícita da origem do elemento.

Vida & Saúde 43

• Carmim ou ácido carmínico (não vegano)	Extraído dos insetos esmagados e usado como corante.
• Caseína (não vegano)	Derivado do leite animal.
• Gelatina (não vegano)	Produzido a partir de ossos e ligamentos de animais.
• Glicerina (possivelmente não vegano)	Pode ser produzida a partir de gordura animal, de origem vegetal ou mesmo sintética.
• Lactose (não vegano)	Derivado de leite animal.
• Lecitina (possivelmente não vegano)	Se for de origem vegetal, o mais comum é ser indicado como lecitina de soja.
• Ômega-3 (possivelmente não vegano)	Se não for de origem vegetal, poderá ser óleo de peixe.
• Soro de leite (não vegano)	Derivado de leite animal.
• Vitamina A (possivelmente não vegano)	Normalmente de origem sintética ou de origem animal (retinol). Os carotenos (provitamina A) são a alternativa vegetal.
• Vitamina D3 (não vegano):	A vitamina D3 é obtida a partir de cera de lã de ovelha (lanolina) ou de óleo de peixe. A vitamina D2 é a alternativa vegetal.

Rótulos dos Alimentos

"Em geral, nove décimos da nossa felicidade baseiam-se exclusivamente na saúde. Com ela, tudo se transforma em fonte de prazer."

(Arthur Schopenhauer)

Essas nomenclaturas devem estar estampadas nas embalagens dos produtos alimentícios vendidos em lojas de varejo. Também devem constar a lista de ingredientes (inclusive com seu peso ou porcentagens do volume total do produto) e as instruções sobre o preparo e uso, não esquecendo o modo de conservação.

Compre seus alimentos com tempo e paciência. Ler e entender a rotulagem desses produtos pode prevenir uma série de transtornos, inclusive para a saúde do consumidor.

"O animal selvagem e cruel não é aquele que está atrás das grades. É o que está à frente delas."

(Axel Munthe)

Alimentos Orgânicos
Como são Produzidos

O alimento orgânico é um produto que cresce sem a utilização de insumos artificiais como agrotóxicos, adubos químicos, drogas veterinárias, hormônios, antibióticos ou produtos geneticamente modificados. Também não recebe aditivos químicos para melhorar o aspecto e esticar o tempo de conservação, como corantes, antioxidantes, emulsificantes, aromatizantes e outros. Assim, o alimento orgânico tem mais nutrientes e maior teor de fotoquímicos (substâncias antioxidantes) que os alimentos industrializados ou de plantação convencional.

Alimentos orgânicos

Os alimentos orgânicos

são cultivados em pequena escala por pequenos produtores. São ricos em nutrientes e não colocam em risco a saúde do consumidor e do agricultor, respeitando a cultura local e preservando o meio ambiente. O alimento orgânico tem mais qualidade e é mais saudável do que o alimento produzido em grande escala.

A agricultura orgânica ou biológica é baseada no cultivo sustentável e na preservação do solo, da água e da utilização de matrizes energéticas alternativas. O manejo do solo é baseado na utilização de material vegetal e animal para a adubação, como húmus de minhoca, adubação com leguminosas ou esterco curtido. Excluindo o plantio de transgênicos, a agricultura orgânica aplica o controle biológico de pragas, como também de minerais naturais.

A diversidade de culturas é outra característica da agricultura orgânica, buscando respeitar a sazonalidade dos alimentos e do plantio de produtos para alimentar a comunidade local, respeitando as relações sociais e culturais dos pequenos agricultores e suas necessidades.

"Entre a brutalidade para com o animal e a crueldade para com o homem, há uma só diferença: a vítima."

(Lamartine)

Todo alimento orgânico tem sua certificação específica para a devida comercialização, com um selo que comprova a procedência dos produtos e sua qualidade.

O cultivo de alimentos orgânicos beneficia o solo, revertendo as práticas precatórias, a erosão e a exaustão do solo. Também preserva as sementes por mais tempo, incentivando as culturas mistas e fortalecendo ou recuperando o ecossistema local. O cultivo orgânico também evita a poluição dos rios, lagos e lençóis freáticos. Os alimentos se apresentam para a compra de formatos variados, geralmente menores e de cores menos uniformes do que os alimentos não orgânicos; porém, o maior valor nutritivo e o sabor compensam a suposta aparência menos atrativa.

Vida & Saúde

Cuidados com a Produção do Alimento Orgânico

É evidente que a produção de alimentos orgânicos é menor do que a agricultura intensiva, e isso vai resultar num preço de venda maior. Mesmo que mais agricultores se disponham a plantar alimentos da forma orgânica, ainda vão persistir os custos de manipulação, de transporte e de comercialização, que são obstáculos consequentes à distância da plantação dos grandes centros urbanos.

Outra discussão que se impõe está na utilização dos fertilizantes naturais ou artificiais. A genética da planta, a irrigação, a época da colheita e o clima têm um impacto maior no conteúdo nutricional do que o tipo do fertilizante usado. Além disso, deve-se considerar a forma de utilização dos adubos naturais, como destaca o biólogo e pesquisador Fernando Reinach, do departamento de Bioquímica da Universidade de São Paulo (SP). O cientista afirmou que nem todo o alimento orgânico é saudável, e justifica: "Tem duas questões a serem levadas em conta quanto à agricultura orgânica. A primeira é ter certeza de que ela é orgânica e que foi produzida de acordo com os métodos necessários. A outra questão está relacionada à agricultura tradicional.

Alimentos orgânicos

Por exemplo, se você usa estercos de animais em vez de adubos químicos, esse esterco precisa ser bem curtido para ser seguro. Do contrário, você fica doente, já que metade do volume das fezes de todos os mamíferos são bactérias. Nos Estados Unidos, aconteceram grandes problemas em fazendas de produção orgânica que tiveram casos de contaminação. Nesse aspecto, o orgânico é parecido com os agrotóxicos. Na dose certa, é seguro. Mas, se não cuidar, é perigoso. Outro problema do orgânico é a discussão sobre se a produtividade seria suficiente para alimentar a população do planeta, ou se ele será sempre condenado a produto de luxo. O orgânico produz menos por hectare, então é preciso usar mais terra e desmatar mais. Mas eu, por exemplo, só consumo orgânico."

Mais um problema a ser considerado é que muitos produtos vendidos como "orgânicos", "naturais" ou "saudáveis" não têm a certificação adequada ou mesmo a origem comprovada. Muitas vezes esse alimento é produzido de maneira convencional por pequenos agricultores, com uso de fertilizantes ou mesmo pesticidas comerciais.

Vegana

Como São Produzidos os Alimentos Orgânicos

Reproduzimos a seguir as formas mais adequadas para a produção dos alimentos orgânicos propostas pela Associação de Agricultura Orgânica (AAO):

Como se produz organicamente?

- Com uso de adubos, corretivos de solo e defensivos, todos de origem natural e local, sem substâncias químicas sintéticas tóxicas, para não contaminar o meio, nem os produtos gerados, as pessoas que os manipulam e/ou aqueles que os consomem;

- Com uso de sementes variadas, produtivas, selecionadas a partir de banco de sementes gerado localmente;

- Em área adequada, segundo normas técnicas de sanidade e sustentabilidade, primando pela diversidade de espécies e seus efeitos alelopáticos, para assegurar o bom desenvolvimento e abastecimento com nutrientes diversificados à boa alimentação humana (dieta com vitaminas, enzimas, sais minerais, proteínas e fibras);

- Em condições de clima e estação do ano adequadas, compatíveis com as espécies pretendidas;

- Cuidando para que as espécies medicinais possam contribuir com o resgate das tradições populares de saúde familiar com fitoterapias;

- Com uso adequado de ferramentas, insumos, materiais e equipamentos de proteção individual;

- Com a difusão de uma cultura de estímulo à prática da ética, estética, ecologia e educação para criar condições de sanidade, segurança, dignidade e aprendizados permanentes tanto nos processos produtivos quanto nos de comercialização e de gestão;

- Com o compromisso da difusão do saber construído, durante todas as etapas do produtivo, a todos os seus participantes, "assegurando, para todos, o acesso ao empoderamento tecnológico, planificador e gestor da produção orgânica";

- As práticas da agricultura orgânica, também sob denominação de biológica, ecológica, natural, biodinâmica, agroecológica, dentre outras comprometidas com a sustentabilidade local da espécie humana na terra, implicam em: uso da adubação verde com uso de leguminosas fixadoras de nitrogênio atmosférico, adubação orgânica com uso de compostagem da matéria orgânica e minhocultura, manejo adequado do solo para assegurar sua estrutura, fertilidade e porosidade, manejo da vegetação nativa, cobertura morta, cultivos em curvas de níveis, plantio direto, irrigação por gotejamento ou técnicas econômicas de água, rotação de culturas, cultivos protegidos para controle da luminosidade, temperatura, umidade, pluviosidade, intempéries e demais tecnologias apropriadas à realidade local de topografia, clima, estação climática e hábitos culturais de sua população.

Vegana

Frutas e Legumes:
Fontes de Nutrientes

As frutas e os legumes são ricos em nutrientes, como fibras, vitamina A, vitaminas do complexo B, vitamina C, carboidratos e sais minerais. Conheça as características de cada alimento.

Frutas e Legumes: Fontes de Nutrientes

Flores

Alcachofra
Propriedade: ferro
Formas de comer: cozida, refogada, assada, em molhos e as folhas cruas
Colheita: de outubro a dezembro
Consumir quando estiver: com as folhas sem marcas e macias
Armazenar: na geladeira por três dias, em saco plástico

Brócolis
Propriedades: cálcio e ferro
Forma de comer: os buquês cozidos com sal ou no vapor
Colheita: de maio a outubro
Consumir quando estiver: com flores e talos verde, sem marcas
Armazenar: na geladeira por sete dias

Couve-flor
Propriedades: vitamina A e sais minerais
Formas de comer: em saladas, empanados, cozidos e gratinados
Colheita: de junho a novembro
Consumir quando estiver: com talos brilhantes e firmes, buquê cheio e sem manchas, folhas em bom estado
Armazenar: na geladeira por cinco dias, em saco plástico

Vegana

Folhas e Talos

Acelga
Propriedades: vitaminas A, C e niacina (B3)
Formas de comer: refogada, gratinada, em saladas e sucos, bolinhos e suflês
Colheita: de junho a outubro
Consumir quando estiver: com cor firme e folhas sem marcas
Armazenar: na geladeira por cinco dias

Agrião
Propriedades: vitaminas A, C, K e complexo B, cálcio e potássio
Formas de comer: com folhas e talos mais finos em sucos e saladas
Colheita: de janeiro a fevereiro e de agosto a setembro
Consumir quando estiver: com folhas verdes, firmes e brilhantes
Armazenar: na geladeira por três dias

Alface
Propriedades: vitaminas A e C, sais minerais e niacina (B3)
Formas de comer: saladas e sopas
Colheita: todo o ano
Consumir quando estiver: com cor definida e folhas sem marcas e firmes
Armazenar: na geladeira por cinco dias, em saco plástico

Frutas e Legumes: Fontes de Nutrientes

Almeirão
Propriedades: vitaminas A e B2, niacina (B3) e sais minerais
Forma de comer: cru em saladas
Colheita: de agosto a janeiro
Consumir quando estiver: com folhas limpas, verdes e firmes
Armazenar: na geladeira por cinco dias, em saco plástico

Couve
Propriedades: cálcio, fósforo e ferro
Formas de comer: cozida, refogada e em sopas
Colheita: de agosto a fevereiro
Consumir quando estiver: com folhas verdes e sem marcas
Armazenar: na geladeira por sete dias

Escarola
Propriedades: vitaminas A, B2, niacina (B3), cálcio e ferro
Formas de comer: crua, cozida, em saladas, sopas e recheios de tortas
Colheita: de agosto a setembro e em janeiro
Consumir quando estiver: com cor firme, folhas novas e sem marcas
Armazenar: na geladeira por cinco dias

Espinafre
Propriedades: vitamina A, complexo B e ferro
Formas de comer: cru em saladas, cozido, sopas, recheios de tortas
Colheita: de julho a novembro e em janeiro
Consumir quando estiver: com folhas bem lisas e com cor definida
Armazenar: na geladeira por cinco dias, em saco plástico

Vegana

Repolho
Propriedades: vitaminas A e C
Formas de comer: cozido, refogado, em conservas e cru em saladas
Colheita: de setembro a abril
Consumir quando estiver: firme e pesado, com o cabo claro e firme
Armazenar: na geladeira por 10 a 15 dias

Frutas

Abacaxi
Propriedades: vitamina C, cálcio, fósforo e fibras
Formas de comer: natural, em sucos e doces
Colheita: de dezembro a fevereiro
Consumir quando estiver: com cor amarelada ou esverdeada, sem partes escuras ou manchas
Armazenar: em lugar arejado longe da luz do sol

Abacate
Propriedades: gorduras, proteínas e fósforo
Formas de comer: natural, sorvetes, saladas
Colheita: de fevereiro a agosto
Consumir quando estiver: firme, sem machucados e marcas
Armazenar: na geladeira por até duas semanas

Frutas e Legumes: Fontes de Nutrientes

Ameixa
Propriedades: vitaminas do complexo B e fósforo
Formas de comer: natural ou seca
Colheita: de dezembro a fevereiro
Consumir quando estiver: firme, com casca brilhante e sem marcas
Armazenar: na geladeira por uma semana

Banana
Propriedades: vitaminas B e C, potássio e fibras
Formas de comer: natural, doces, bolos, tortas e vitaminas
Colheita: todo o ano
Consumir quando estiver: amarela, com manchas marrons e firme
Armazenar: em lugar seco, longe da luz do sol por cinco dias

Caju
Propriedades: ferro, fibras e vitaminas B e C
Formas de comer: natural e em doces
Colheita: de janeiro a fevereiro
Consumir quando estiver: com casca lisa e com cor firme
Armazenar: em local arejado por três dias

Caqui
Propriedades: vitaminas A, B1 e B2 e fibras
Forma de comer: natural
Colheita: de fevereiro a abril
Consumir quando estiver: com cor uniforme, sem rachaduras e firme
Armazenar: em lugar fresco por cinco dias

Vegana

Coco
Propriedades: fibras e sais minerais
Formas de comer: quando verde, só a água. Maduro, em salgados e doces
Colheita: de janeiro a julho
Consumir quando estiver: com som estridente ao se bater na casca
Armazenar: na geladeira por cinco dias

Figo
Propriedades: açúcar, cálcio, fósforo e potássio
Formas de comer: natural, doces, seco, cristalizado e em compotas
Colheita: de janeiro a abril
Consumir quando estiver: firme, sem marcas e buracos e liso
Armazenar: na geladeira por cinco dias

Goiaba
Propriedades: sais minerais e vitaminas A e C
Formas de comer: natural, cremes, sorvetes, geleias e em compotas
Colheita: de janeiro a março
Consumir quando estiver: com casca firme e cor amarelo-esverdeada
Armazenar: na geladeira por três dias

Jabuticaba
Propriedades: vitaminas B e C
Formas de comer: natural e em doces
Colheita: de agosto a novembro
Consumir quando estiver: com casca bem limpa e lisa e graúda
Armazenar: na geladeira por três dias

Frutas e Legumes: Fontes de Nutrientes

Laranja
Propriedades: cálcio, fósforo, ferro e vitamina C
Formas de comer: natural, sucos e doces
Colheita: todo o ano
Consumir quando estiver: com casca lustrosa e lisa, sem bolor
Armazenar: em lugar arejado por 15 dias

Limão
Propriedade: vitamina C
Formas de comer: suco, em doces e bebidas
Colheita: de janeiro a julho
Consumir quando estiver: brilhante e verde
Armazenar: na geladeira por um mês

Maçã
Propriedades: vitaminas B, fósforo e ferro
Formas de comer: natural, vitaminas, doces e sucos
Colheita: de janeiro a abril
Consumir quando estiver: com polpa firme, cor brilhante e forte
Armazenar: na geladeira por um mês

Mamão
Propriedades: vitamina A e C e sais minerais
Formas de comer: natural, vitaminas, sucos e doces
Colheita: de abril a julho
Consumir quando estiver: sem rachaduras ou partes moles e liso
Armazenar: na geladeira por uma semana

Vegana

Manga
Propriedades: vitaminas A, C e complexo B
Formas de comer: natural, sorvetes, tortas e doces
Colheita: de novembro a janeiro
Consumir quando estiver: sem rachaduras
Armazenar: em local arejado e seco

Maracujá
Propriedades: sais minerais e vitaminas B e C
Formas de comer: natural, em sucos e doces
Colheita: de janeiro a julho
Consumir quando estiver: com casca brilhante, firme e lisa
Armazenar: verde em lugar fresco e seco, maduro na geladeira por duas semanas

Melancia
Propriedade: água
Forma de comer: natural, em sucos
Colheita: de novembro a junho
Consumir quando estiver: com som oco ao se bater na casca
Armazenar: na geladeira por até duas semanas

Melão
Propriedades: vitaminas A, B5 e C, cálcio, fósforo e ferro
Formas de comer: natural, vitaminas e sucos
Colheita: de dezembro a março e de julho a setembro
Consumir quando estiver: com cor viva e firme
Armazenar: na geladeira por até duas semanas

Frutas e Legumes: Fontes de Nutrientes

Morango
Propriedades: ferro e vitaminas B5 e C
Formas de comer: natural, doces, vitaminas e sucos
Colheita: de julho a novembro
Consumir quando estiver: sem machucados, brilhante e firme
Armazenar: na geladeira por três dias

Pera
Propriedades: sais minerais e vitaminas A, complexo B e C
Formas de comer: natural, vitaminas, compotas e sucos
Colheita: de fevereiro a setembro
Consumir quando estiver: lisa e firme
Armazenar: verde em local arejado e madura na geladeira por até três dias

Pêssego
Propriedades: ferro, niacina (vitamina B3) e fibras
Formas de comer: natural, compotas, geleias, tortas e doces
Colheita: de outubro a dezembro
Consumir quando estiver: sem marcas, casca macia e firme
Armazenar: na geladeira por uma semana

Tangerina
(mexerica ou bergamota)
Propriedades: vitaminas A, B e C e sais minerais
Formas de comer: natural, doces e sucos
Colheita: de abril a setembro
Consumir quando estiver: com cor brilhante e pesada
Armazenar: protegida da luz do sol e em geladeira por 15 dias

Vegana

Uva
Propriedades: vitaminas B e C e carboidratos
Formas de comer: natural, geleias, doces e sucos
Colheita: de novembro a fevereiro
Consumir quando estiver: em cachos inteiros e com cabos
Armazenar: na geladeira por até uma semana

Hortaliças e Vagens

Abobrinha
Propriedades: vitamina A, fibra e sais minerais
Formas de comer: saladas, suflês e refogados
Colheita: de junho a fevereiro
Consumir quando estiver: sem furos, cor verde-brilhante
Armazenar: na geladeira por até uma semana

Abóbora
Propriedades: cálcio, fósforo e vitaminas A e B
Formas de comer: refogada, cozido, sopas, doces e purês
Colheita: todo o ano
Consumir quando estiver: com casca firme e sem partes moles
Armazenar: verde, em lugar arejado e fresco; madura, em geladeira por até três meses

Berinjela
Propriedades: vitamina B5 e sais minerais
Formas de comer: empanada, frita e refogada
Colheita: de novembro a julho
Consumir quando estiver: sem furos, cor roxo-brilhante e bem firme
Armazenar: na geladeira por cinco dias, em saco plástico

Frutas e Legumes: Fontes de Nutrientes

Chuchu
Propriedades: cálcio, fósforo e vitaminas B5
Formas de comer: saladas, pudins, suflês, doces e refogados
Colheita: de outubro a maio
Consumir quando estiver: firme, sem marcas e de cor verde-claro
Armazenar: na geladeira por até uma semana

Ervilha
Propriedades: vitaminas A e B e sais minerais
Formas de comer: saladas, risotos, com carnes, cozidos e ensopados
Colheita: de maio a setembro
Consumir quando estiver: com a vagem lisa, pesada e cheia, cor clara e sem manchas e marcas
Armazenar: na geladeira por até dois dias, em saco plástico

Jiló
Propriedades: vitamina B5, fósforo e ferro
Formas de comer: frituras, ensopados e refogados
Colheita: de janeiro a maio
Consumir quando estiver: firme e sem marcas
Armazenar: na geladeira por até uma semana

Milho Verde
Propriedades: vitamina B1, carboidratos e sais minerais
Formas de comer: sopas, cremes, saladas, tortas, farofas e refogados
Colheita: de dezembro a abril
Consumir quando estiver: com cabelo marrom-escuro, folhas verdes e ponta inferior macia
Armazenar: com palha, em local arejado; sem palha, na geladeira por três dias

Vegana

Pepino
Propriedades: flúor
Formas de comer: conservas, patês e saladas
Colheita: de dezembro a abril
Consumir quando estiver: com cor verde-escuro e sem machucados
Armazenar: na geladeira por cinco dias

Pimentão
Propriedades: cálcio, fósforo, ferro, sódio e vitaminas A e C
Formas de comer: saladas, patês, molhos, refogados e cozidos
Colheita: de dezembro a julho
Consumir quando estiver: com forma regular, cor viva e firme
Armazenar: na geladeira por três dias

Quiabo
Propriedades: vitaminas A e B e sais minerais
Formas de comer: saladas, frituras e refogados
Colheita: de dezembro a abril
Consumir quando estiver: com ponta fácil de cortar e verde-escuro
Armazenar: na geladeira por até dois dias

Tomate
Propriedades: vitaminas A e C
Formas de comer: saladas, molhos e refogados
Colheita: de maio a julho
Consumir quando estiver: firme, casca lisa e brilhante
Armazenar: se verde, em local arejado; maduro, na geladeira por uma semana

Frutas e Legumes: Fontes de Nutrientes

Vagem

Propriedades: vitamina A e sais minerais
Formas de comer: refogados, saladas, gratinados e pudins
Colheita: de abril a maio e de outubro a dezembro
Consumir quando estiver: com forma uniforme e firme
Armazenar: na geladeira por até uma semana, em saco plástico

Tubérculos e Raízes

Batata

Propriedades: carboidratos, vitamina C e sais minerais (concentrados na casca)
Formas de comer: cozida, frita e assada
Colheita: todo o ano
Consumir quando estiver: sem manchas ou brotos e com a casca lisa
Armazenar: em lugar seco e escuro por até 15 dias

Batata-doce

Propriedades: carboidratos, sais minerais e vitaminas
Formas de comer: frita, assada, cozida, em doces e refogados
Colheita: de janeiro a julho
Consumir quando estiver: sem manchas ou marcas e bem firme
Armazenar: em lugar arejado e seco por até 15 dias

Vegana

Beterraba
Propriedades: sódio, potássio, açúcar e vitaminas
Formas de comer: assada, cozida, frita, refogada, em vitaminas e sucos
Colheita: de setembro a janeiro
Consumir quando estiver: com casca lisa, folhas brilhantes e com cor acentuada
Armazenar: em lugar arejado e seco por até 15 dias

Cenoura
Propriedades: sais minerais e vitamina A
Formas de comer: cozida, crua, em pratos preparados doces e salgados
Colheita: de julho a janeiro
Consumir quando estiver: firme, lisa e com cor uniforme
Armazenar: na geladeira por até 15 dias

Mandioca
Propriedades: cálcio, fósforo, ferro, vitaminas do complexo B e carboidratos
Formas de comer: ao ser cozida, pode ser ensopada, refogada e frita
Colheita: de janeiro a julho
Consumir quando estiver: com polpa externa sem nervuras ou manchas. Deve estalar quando partida ao meio
Armazenar: em lugar arejado por até dois dias

Frutas e Legumes: Fontes de Nutrientes

Mandioquinha
Propriedades: cálcio, fósforo, vitamina C e vitaminas do complexo B
Formas de comer: cozida, refogada, em forma de purê ou em sopas
Colheita: de janeiro a setembro
Consumir quando estiver: com cor uniforme, lisa e sem marcas
Armazenar: em lugar arejado e fresco por até três dias

Nabo
Propriedades: cálcio e fibras
Formas de comer: conservas, purês, sopas e saladas
Colheita: todo o ano
Consumir quando estiver: com pele limpa e branca
Armazenar: na geladeira por até duas semanas

Rabanete
Propriedades: fibras, vitamina C, potássio e fósforo
Formas de comer: refogado, ensopado, em conservas e cru em saladas
Colheita: de maio a dezembro
Consumir quando estiver: sem rachaduras, liso, firme e brilhante
Armazenar: sem as folhas na geladeira por até uma semana

Receitas Veganas

Reunimos algumas receitas veganas de fácil preparo e de sabor apurado.

Bom apetite!

DOCES Veganos

Panetone vegano

Ingredientes
- 1/2 kg de farinha de trigo
- 1 copo (americano) de suco de laranja
- 4 gotas de essência de baunilha
- 60 g de fermento biológico
- 2 colheres (sopa) de açúcar orgânico
- 8 colheres (sopa) de açúcar mascavo
- Raspas de 2 laranjas e 1 limão
- 150 g chocolate meio amargo
- 4 colheres (sopa) de óleo vegetal
- 1/2 xícara (chá) de água morna
- 1 pitada de sal
- Frutas cristalizadas picadas e passas

Modo de Preparo

Coloque no recipiente as 2 colheres (sopa) de açúcar orgânico, o sal, o fermento e a água morna, misture e deixe descansar. Após a fermentação, acrescente o suco de laranja, o açúcar mascavo, a essência de baunilha e as raspas de laranja e de limão. Misture. Acrescente a farinha de trigo aos poucos sovando até a massa ficar única. Deixe crescer. Cubra com um pano. Divida a massa em duas partes; abra a massa e recheie com as passas e as frutas cristalizadas.

Chocotone

Misture à massa o chocolate meio amargo picado. Coloque na forma, untada com óleo vegetal, cubra com um pano, deixe crescer até dobrar de volume. Asse por volta de 40 minutos.

Vegana

Cocadinha síria

- 1/2 xícara (chá) de água
- 1/2 xícara (chá) de açúcar
- 2 colheres (sopa) de óleo vegetal
- 2 colheres (sopa) de amido de milho

Modo de Preparo

Misture o óleo vegetal com a água. Acrescente a farinha de trigo, o açúcar e o amido. Depois coloque o coco ralado. Se houver necessidade, acrescente mais farinha de trigo para ficar consistente. Faça bolinhas achatadas e coloque na forma untada com óleo vegetal. Asse em forno alto por 25 minutos ou até dourar.

Ingredientes

- 250 g de coco ralado
- 2 colheres (sopa) de farinha de trigo

Sorvete de banana, cacau e amendoim

Ingredientes

- 4 bananas-nanicas médias
- 4 colheres (sopa) de cacau em pó
- 3 colheres (sopa) de amendoins torrados, sem peles
- 2 colheres (sopa) de açúcar mascavo

Modo de Preparo

Corte as bananas e bata no liquidificador junto com o açúcar e o cacau. Ajude a misturar, parando de bater e mexendo com uma colher. Despeje em um recipiente e misture os amendoins. Leve ao freezer para congelar. Transfira para a geladeira 5 minutos antes de servir.

Receitas Veganas

Flan de morango com cereja

Ingredientes
- 1 xícara (chá) de morangos picados
- 1/2 xícara (chá) de cerejas em calda picadas
- 6 amêndoas ou castanhas-do-pará
- 6 colheres (sopa) de açúcar orgânico
- 1 xícara (chá) de água
- 1 colher (chá) de ágar-ágar

Modo de Preparo
Coloque metade dos morangos e das cerejas para cozinhar, com 4 colheres (sopa) de açúcar. Deixe ferver por cerca de 5 minutos em fogo baixo. Bata no liquidificador e reserve. Ferva a água com o ágar-ágar por 3 minutos. Junte com o restante dos morangos, das cerejas, as castanhas e o açúcar e bata no liquidificador. Despeje em dois recipientes individuais para sobremesa e deixe esfriar. Leve para a geladeira por cerca de 30 minutos. Desenforme e despeje a calda por cima.

Bolo de maçã com especiarias

Ingredientes
- 3 maçãs picadas
- 1 xícara (chá) de açúcar mascavo
- 2 xícaras (chá) de farinha de trigo
- 1/2 xícara (chá) de nozes
- 1/2 xícara (chá) de passas
- 4 colheres (sopa) de óleo vegetal
- 3 cravos-da-índia
- 1 xícara (chá) de água
- 1 pitada de noz-moscada
- 1 colher (sobremesa) de canela em pó
- 1 colher (sopa) de vinagre branco
- 1 colher (sopa) de fermento químico

Modo de Preparo 
Bata no liquidificador 1 xícara (chá) de água com 2 maçãs picadas e os cravos, coe e reserve. Bata mais 1/2 xícara (chá) de água com as nozes e reserve. Em um recipiente, misture os líquidos, acrescente aos poucos a farinha, o óleo vegetal, o açúcar mascavo, a noz-moscada e a canela. Acrescente 1 maçã picada, as passas e, por último, o vinagre e o fermento. Misture e coloque em forma untada. Asse em forno médio por 35 minutos. Após esfriar, polvilhe com açúcar de confeiteiro.

Vida & Saúde

Vegana

Mousse vivo de caqui

Ingredientes
- 3 caquis grandes e maduros
- 5 tâmaras sem caroços picadas
- 2 colheres (sopa) de sementes de linhaça
- 1/4 de xícara (chá) de água

Modo de Preparo
Deixe as tâmaras e a linhaça de molho na água por 20 minutos. Bata no liquidificador junto com os caquis, até homogeneizar. Despeje em um recipiente médio e leve para o freezer por 20 minutos ou mais. Se preferir, coloque caqui picado por cima.

Gelatina vegana de caipirinha

Ingredientes
- 1/2 xícara (chá) de suco de limão
- 1/2 xícara (chá) de leite de coco
- 1 xícara (chá) de água
- 1/2 xícara (chá) de cachaça
- 1 xícara (chá) de açúcar orgânico
- 1 colher (sobremesa) de ágar-ágar
- Raspas de limão para decorar

Modo de Preparo
Misture o leite de coco com o limão e reserve. Misture o açúcar com a água e leve para cozinhar em fogo baixo até que o açúcar tenha se dissolvido. Adicione o ágar-ágar e deixe ferver por 3 minutos. Deixe amornar e reserve. Bata bem no liquidificador a mistura de leite de coco e suco de limão, a cachaça e a calda que foi cozida anteriormente. Despeje em copos próprios para caipirinha. Decore com as raspas de limão e deixe na geladeira por 30 minutos.

Receitas Veganas

Bolo de chocolate vegano

Ingredientes
- 2 xícaras (chá) de farinha de trigo
- 2 colheres (sopa) de cacau em pó
- 1 xícara (chá) de açúcar
- 1/2 xícara (chá) de óleo
- 1 1/2 xícara (chá) de água morna
- 1 colher (chá) de fermento

Modo de Preparo
Deixe o forno no mínimo. Misture os ingredientes secos e depois o óleo e, aos poucos, coloque a água morna e, no final, o fermento. A consistência da massa deve estar cremosa, não muito consistente nem muito líquida. Asse.

Cobertura:

Ingredientes
- 1 xícara (chá) de açúcar
- 1 xícara (chá) de extrato de soja
- 2 colheres (sopa) de cacau em pó
- 1 colher (sopa) de margarina vegana
- 1 xícara (chá) de água
- 2 gotas de essência de baunilha

Modo de Preparo
Bata no liquidificador os ingredientes por 2 minutos. Coloque em uma panela e mexa sem parar até ficar cremoso, em fogo baixo.

"Quando não cuidamos do corpo, tornamo-nos mais fácil vítimas dele."

(Milan Kundera)

SALADAS Veganos

Salada de maionese vegana

Ingredientes
- 2 tomates sem peles, picados
- 1 cenoura média cozida e picada
- 1/2 cebola pequena picada
- 1 batata grande cozida e picada
- 1/4 de xícara (chá) de sementes de girassol, cruas e sem cascas
- 3 colheres (sopa) de arroz cozido
- 3 colheres (sopa) de azeite extra virgem
- 1 dente de alho picado
- 1/2 xícara (chá) de água
- 1 colher (chá) de sal
- 1/2 xícara (chá) de milho e ervilha cozidos
- Azeitonas picadas
- Salsinha, cebolinha, coentro picados

Modo de Preparo
Lave as sementes de girassol, coloque num recipiente e cubra com água. Deixe de molho por 6 horas. Lave e escorra. Bata bem no liquidificador a cebola, o alho, o azeite, o sal e a água. Acrescente as sementes de girassol e o arroz cozido e bata até obter um creme homogêneo. Despeje a maionese numa tigela com os vegetais e temperos picados e misture bem.

Salada de abacate

Ingredientes
- 1 abacate maduro
- 1/2 cebola picada
- 1 pepino médio
- 2 tomates vermelhos
- 2 colheres (sopa) de salsinha picada
- 1 colher (sopa) de pimenta dedo-de-moça picada
- Suco de 1 limão
- 4 colheres (sopa) de azeite extra virgem
- Sal a gosto

Modo de Preparo
Misture o suco de limão, o azeite, a pimenta e salsinha picadas e o sal, formando um molho. Reserve. Pique o abacate em quadrados, o tomate e o pepino. Junte o molho e a cebola. Misture e sirva.

Receitas Veganas

Salada de pepino com gengibre

Ingredientes
- 1 pepino japonês grande
- 1 colher (sopa) de gengibre ralado
- 2 colheres (sopa) de molho shoyu
- 1 colher (sopa) de óleo de gergelim
- Suco de 1 limão
- 5 colheres (sopa) de azeite extra virgem
- 1 pitada de raspas de limão
- Pimenta vermelha e coentro fresco picados a gosto

Modo de Preparo
Corte o pepino em tiras bem finas. Não utilize o miolo do pepino, onde estão as sementes. Misture o gengibre, as raspas de limão, o limão, o óleo e o azeite, fazendo um molho. Coloque o molho na salada e acrescente a pimenta e o coentro picados.

SALGADOS Veganos

Pão de cenoura

Ingredientes
- 2 cenouras médias
- 3 xícaras (chá) de farinha de trigo
- 1 xícara (chá) (250 ml) de água
- 4 colheres (sopa) de óleo vegetal
- 2 colheres (sopa) de açúcar
- 1 colher (sobremesa) de sal
- 20 g de fermento biológico

Modo de Preparo
Bata no liquidificador as cenouras com a água e o óleo e reserve. Misture a farinha de trigo com sal, açúcar, fermento e acrescente o líquido. Sove a massa e deixe descansar por uma hora. Coloque em uma forma untada com óleo vegetal e forme os pãezinhos. Deixe crescer novamente até dobrar de tamanho. Asse em forno médio por 40 minutos.

Vida & Saúde

Vegana

Pão recheado com espinafre

Ingredientes

Massa
- 2 1/2 xícaras (chá) de farinha de trigo
- 15 g de fermento biológico
- 1/2 xícara (chá) de água morna
- 6 colheres (sopa) de óleo vegetal
- 1 colher (sopa) de açúcar
- 1 pitada de sal

Recheio
- 1/2 maço de espinafre
- 2 tomates maduros
- 100 g de champignon
- 1 colher (sopa) de óleo vegetal
- Azeitonas verdes picadas
- 1 cebola média picada
- 2 colheres (sopa) de azeite extra virgem
- 1 pitada de zathar
- 1 pitada de sal

Modo de Preparo

Para fazer a massa, coloque o fermento, o açúcar e o sal, junte tudo na água morna, deixando descansar por uns 30 minutos. Acrescente a farinha e o óleo, sove a massa e deixe crescer até dobrar de volume.

Para o recheio, refogue o espinafre com um pouco de cebola, óleo, acrescente o zathar e o sal. Deixe esfriar, acrescente as azeitonas, o champignon, a cebola, os tomates e o azeite, misture e reserve. Divida a massa em quatro partes, abra a massa com um rolo, recheie, modele e deixe crescer. Asse em forno médio até dourar.

Receitas Veganas

Queijo ralado vegano

Ingredientes
- 2 xícaras (chá) de castanhas-do-pará
- 2 colheres (sopa) de levedo de cerveja
- Sal a gosto

Modo de Preparo
Coloque as castanhas, o levedo e o sal do processador e bata até que fique em pedaços mínimos. Guarde na geladeira e utilize em massas e gratinados em geral.

Pão vegano

Ingredientes
- 800 g de farinha de trigo integral
- 1 sachê de fermento biológico tipo Fermix
- 1 colher (sopa) de sal
- 1 colher (sopa) de açúcar
- 1 fio de óleo
- Água morna

Modo de Preparo
Misture a farinha de trigo, o fermento Fermix, o sal e o açúcar. Adicione o fio de óleo e aos poucos a água morna, até dar ponto da massa. Para rechear, use grãos de aveia, linhaça ou outras sementes. Deixe descansar em local fechado por 30 minutos até a massa crescer e leve ao forno.

Vida & Saúde

Vegana

Macarrão sem ovos com molho caseiro

Ingredientes
- 1/2 pacote de macarrão
- 6 tomates maduros
- 1 pimentão verde ou 1 brócolis picados
- 2 dentes de alho
- Sal a gosto
- 1 pitada de pimenta calabresa desidratada

Modo de Preparo
Ferva os tomates até começarem a desmanchar. Depois, bata no liquidificador com um pouco de água. Numa panela, refogue no óleo 2 tomates picados e 2 dentes de alho, junte o molho e deixe apurar por 20 minutos. Ferva água para o macarrão e cozinhe. Em outra panela, refogue o alho restante com um legume, até dourar. Depois de escorrido o macarrão, adicione o pimentão (ou brócolis), a pimenta e misture bem. Despeje o molho de tomates por cima.

Sopa de legumes

Ingredientes
- 1 batata cortada em cubos
- 1/2 cebola picada
- 1 tomate picado
- 2 ramos de brócolis
- 2 dentes de alho amassados
- 1 talo de cebolinha
- Sal, curry e azeite a gosto
- Arroz a gosto

Modo de Preparo
Coloque todos os ingredientes numa panela, cubra com água e deixe cozinhar por 20 minutos. Misture bem.

Batata assada com creme de couve-flor

Ingredientes
- 4 batatas de tamanho médio,
- 1 receita de molho cremoso de couve-flor
- 1 colher (sopa) de cebola ralada
- 3 colheres (sopa) de azeite de oliva
- 1 colher (sopa) de salsinha e cebolinha picadas
- Sal a gosto

Modo de Preparo

Misture o azeite com a cebola ralada, a cebolinha, a salsinha e 1 pitada de sal e reserve. Lave as batatas e coloque-as em uma panela, cobrindo com água e 1 pitada de sal. Tampe e deixe cozinhar e escorra. Sobre um pedaço de papel alumínio, parta 1 batata sem dividi-la por completo. Passe um pouco de azeite temperado no meio da batata e a envolva com o papel alumínio. Faça o mesmo com as outras batatas. Leve para assar em forno preaquecido por dez minutos. Retire do fogo e aguarde amornar. Remova o papel alumínio e cubra as batatas com o molho de couve-flor.

Fontes de Informação

Livros, Jornais e Revistas

"Alimentos Saudáveis, Alimentos Perigosos", vários autores, Reader's Digest, 1998
"Faça do Alimento o seu Medicamento", Jocelem Mastrodi Salgado, Editora Madras, 2000
"Alimentação sem Carne", Eric Slywitch, Editora Alaude, 2010
"Alimentação, Um Segredo da Saúde", Celso Batello, Editora Ground, 1991
"Revista E" n° 01, ano 21, vários autores, Sesc, julho de 2014
"Guia de Alimentos", Ligia Martins, Idec, 2000
"Agricultura, Alimentos Orgânicos e Saúde Humana", AAO, 2013
Jornal "Agora São Paulo", 25/06/2014

Páginas Eletrônicas

www.veganismo.org.br
www.menuvegano.com.br
www.veggietal.com.br
www.sociedadevegana.org
www.domtotal.com.br
www.animalliberationfront.com
www.worldveganday.org
www.guiavegano.com.br
www.anda.jor.br
www.abolitionistapproach.com
www.anima.org.ar
www.veggietal.com.br
www.culturavegan.blogspot.com.br
www.mudaomundo.org
www.agricultura.gov.br
www.segundasemcarne.com.br

Dicas Veganas

🌱 O que o veganismo?
Veganismo, além de uma dieta, é um estilo de vida em respeito aos animais: excluímos da alimentação, do vestuário e do dia a dia qualquer produto derivado de animal.

🌱 O que é o vegetarianismo?
Vegetarianismo é um regime alimentar que exclui as carnes de animais da dieta, com ou sem consumo de laticínios ou ovos.

🌱 O que são os derivados animais que o vegano não consome?
Derivados seriam subprodutos dessas carnes: presuntos, salsichas, linguiças, laticínios (queijos, leites de animais), ovos, mel de abelhas, banha animal, enfim, qualquer resíduo do corpo de um animal.

🌱 Veganismo é religião?
Veganismo não é religião. Veganismo é um estilo de vida em respeito aos animais. Pessoas de todas as idades, classes sociais, nacionalidades e religiões – ou quem não tem religião – podem a qualquer momento da vida decidir mudar sua conduta.

🌱 O veganismo traz benefícios para o planeta?
Os impactos da indústria da carne e do leite atingem o uso excessivo de água e o desmatamento de solos férteis para pastagem; se as plantações destinadas aos animais das indústrias fossem direcionadas para populações humanas, praticamente não haveria mais fome no mundo. A pesca industrial também é prejudicial à natureza, desequilibrando faunas e extinguindo espécies.

Copyright © 2015 by Ediouro Publicações Ltda.

Todas as marcas contidas nesta publicação bem como os direitos autorais incidentes são reservados e protegidos pelas Leis n.º 9.279/96 e n.º 9.610/98.

É proibida a reprodução total ou parcial, por quaisquer meios, sem autorização prévia, por escrito, da editora.

DIRETORIA: Jorge Carneiro e Rogério Ventura; **Diretor Editorial:** Henrique Ramos; **REDAÇÃO: Editor-chefe:** Daniel Stycer; **Editores:** Eliana Rinaldi, Renata Meirelles e Thomas Nieto; **Equipe Editorial:** Maria José Batista, Adriana Cruz, Sandra Ribeiro, Débora Justiniano, Hugo Wyler Filho, Juliana Borges, Lívia Barbosa, Verônica Bareicha, Daniela Mesquita, Dalva Corrêa, Maria Flavia dos Reis e Jefferson Peres; **ARTE:** Leo Fróes, Raquel Soares, Franconero Eleutério, Julio Lapenne, Laércio Costa, Jefferson Gomes, Talitha Magalhães e Raphael Bellem; **Edição e Tratamento de Imagem:** Luciano Urbano, Reinaldo Pires e Cristian Barboza; **Diagramação:** Maria Clara Rodrigues e Evandro Matoso; **Produção Gráfica:** Jorge Silva; **Tecnologia da Informação:** Márcio Marques; **Marketing:** Bernadette Caldas (gerente), Cássia Nascimento, Patrícia Reis, Everson Chaves, Luiza Martins e Jully Anne Costa; **Controle:** William Cardoso e Clayton Moura; **Circulação:** Luciana Pereira, Sara Martins, Wagner Cabral e Alexander Lima; **EDIOURO PUBLICAÇÕES DE PASSATEMPOS E MULTIMÍDIA LTDA.** Rua Nova Jerusalém, 345, CEP 21042-235 – Rio de Janeiro, RJ. Tel.: (0XX21) 3882-8200, Fax: (0XX21) 2290-7185; **Distribuição:** DINAP Ltda. – Estr. Dr. Kenkiti Shimomoto, 1678 – Jardim Conceição, Osasco, SP. Tel.: PABX (0XX11) 3789-3000.

PROJETO E REALIZAÇÃO

CRIATIVO
MERCADO EDITORIAL

PUBLISHER
Carlos Rodrigues
DIRETORA FINANCEIRA
Esilene Lopes de Lima
AUTOR
Worney Almeida de Souza
DIREÇÃO DE ARTE
Marcelo Almeida
EDITOR
René Ferri

SOBRE O AUTOR
Worney Almeida de Souza

Jornalista, editor e produtor de revistas e livros. Educador em Saúde na Prefeitura de São Paulo e arte-educador. Editor das publicações da Associação dos Quadrinhistas e Caricaturistas do Estado de São Paulo (AQC-ESP) e de álbuns e revistas independentes de quadrinhos.